AF234459

PAROLES PRONONCÉES

SUR LA TOMBE

DU

GÉNÉRAL Bon PRETET.

PAROLES PRONONCÉES

SUR LA TOMBE

DU

GÉNÉRAL Bon PRETET,

COMMANDANT DE L'ÉCOLE D'APPLICATION

DE L'ARTILLERIE ET DU GÉNIE,

DÉCÉDÉ LE 22 JANVIER 1842.

Un évènement aussi cruel qu'inattendu vient de frapper le corps du génie dans une de ses illustrations, l'école d'application de l'artillerie et du génie dans son chef, une nombreuse et intéressante famille dans le meilleur des pères.

M. le colonel Radoult, commandant en second de cette école et M. le colonel Des Essards, ami intime

1842

de celui dont nous accompagnons la dépouille mortelle,
m'ont confié leur douleur ; je suis leur interprète
dans le pieux devoir que j'accomplis au bord de cette
tombe.

Le général baron Prétet, né le 1ᵉʳ novembre 1782,
à Cramans, d'une famille honorable du Jura, entra en
1802 à l'école polytechnique d'où il sortit en 1804,
dans un rang distingué, comme élève sous-lieutenant
du génie. Dès son début, à la campagne de Pologne
de 1807, il avait fixé l'attention de notre premier
général actuel le vicomte Dode de la Brunerie, alors
colonel du génie, qui l'honora d'une confiance parti-
culière, en l'associant à toutes les hautes missions
dont le gouvernement l'avait investi lui-même. Appelé
de la Silésie en Espagne, le colonel, juste appréciateur
du mérite de son jeune lieutenant, le conserva près
de lui ; Prétet, devenu capitaine, prit une part très-
active au célèbre siége de Sarragosse où, vainqueurs
et vaincus, tous rivalisèrent en valeur et en opiniâtreté,
et il gagna l'étoile de la légion d'honneur sur les
ruines fumantes de cette cité. Le colonel Dode, après
la prise de Sarragosse, ayant été nommé général de
brigade, il était naturel que Prétet fût un de ses
aides-de-camp ; c'est en cette qualité qu'il coopéra
à la mise en état de défense du palais du Retiro

devant Madrid, et qu'il assista aux batailles d'Almonacid et d'Ocana qui eussent décidé du sort d'une nation moins énergique que celle des Espagnols. Il resta ainsi, pendant quatre ans, dans ce malheureux pays jusqu'à l'époque de la fatale campagne de Russie qu'il suivit dans presque toutes ses phases. A cette expédition, le général Dode commandait le génie du corps d'armée aux ordres du maréchal Gouvion Saint-Cyr ; après les deux brillantes affaires de Polostk qui, en des temps meilleurs, eussent sauvé l'armée française, les rapports les plus avantageux valurent au capitaine Prétet la croix d'officier. Témoin du passage de la Bérésina et des luttes incessantes qui en furent la suite, il fut, un peu plus tard, distingué parmi les officiers du génie, par Napoléon qui le nomma son officier d'ordonnance. Une pareille faveur vaut tout un éloge ; l'empereur avait coutume de n'accorder son choix qu'au plus digne. Chose rare de nos jours ! la modestie de Prétet allait refuser cet honneur ; pour l'accepter il lui fallut l'encouragement de ses amis. Quoi qu'il en soit, les campagnes de Lutzen, de Leipsig et de France devinrent pour lui autant d'occasions de déployer son zèle et ses talents. Son nom, glorieusement cité au bulletin de la bataille de Bautzen, appartient désormais à notre histoire. L'un des derniers actes de Napoléon, avant son abdication, fut la nomination de son officier d'ordonnance au grade de chef de bataillon.

Après avoir été successivement employé à Auxonne, en Corse, à Toulon, comme chef de bataillon du génie et comme lieutenant-colonel, il fut nommé colonel du 3e régiment du génie où il se concilia l'estime de tous les officiers, par une sage et ferme impartialité. La direction de Besançon dont l'important service lui fut ensuite confié, le vit récompensé, en 1838, par la croix de commandeur et tout récemment par son grade actuel, celui de maréchal-de-camp. Avec ce titre, il fut appelé au commandement de l'École d'Application ; le bien qu'il y a commencé et que sa noble persévérance eût achevé, mérite que sa mémoire soit bénie par les familles de nos jeunes camarades.

Il faudrait une voix plus éloquente que la mienne, pour retracer dignement les bienfaits de celui qui, malgré les soins que sa touchante sollicitude prodiguait à ses cinq enfants, laissait encore, dans son cœur généreux, une place pour le bonheur d'une nièce et de quatre neveux. Déjà l'un de ces derniers est parvenu au grade de capitaine-major dans un bataillon de chasseurs à pied ; un autre travaille au collége de

Metz, pour obtenir par ses études, son admission à l'école militaire ; les deux autres, au 2ᵉ régiment du génie, sous les ordres du frère d'armes de leur oncle, n'oublieront jamais l'exemple que, par reconnaissance comme par devoir, ils sont si disposés à respecter.

Adieu général Prétet ! vous demeurâtes, en tout et pour tout, fidèle à la foi de vos pères ; jouissez de la récompense promise à vos vertus. Puisse cette pensée adoucir ce qu'il y a d'amer dans les larmes de votre épouse, de votre famille et de vos amis !

GOSSELIN,

*Commandant de l'École régimentaire
du Génie.*

—

Après les paroles touchantes qu'on vient d'entendre, permettez, général, à ceux dont vous étiez le digne chef, d'y joindre l'accent de la profonde douleur que leur fait éprouver une séparation aussi cruelle qu'imprévue. Naguères encore réunis autour de vous, il nous était permis d'apprécier cette bienveillance affectueuse, ces talents éminents qui commandaient le dévouement et le respect. Aujourd'hui privés de vos lumières, vos inspirations nous resteront, et nous nous efforcerons d'accomplir encore la tâche intéressante qui, sous vos auspices, nous était devenue si facile.

Jeunes élèves dont l'éducation militaire devait se terminer sous un guide aussi respectable, c'était avec la sollicitude d'un bon père qu'il suivait vos travaux; vos intérêts trouvaient en lui l'appui le plus tutélaire; son vœu constant était de vous voir ouvrir dignement la carrière honorable que vous avez choisie, et ce vœu, il se faisa't un bonheur de le voir se réaliser. Les nobles sentiments qui vous animent et les talents dont vous avez déjà donné des preuves, ne laissaient dans son esprit aucun doute sur le succès de ses soins.

Recevez, général, l'hommage de notre vive reconnaissance. Si les regrets de ceux à qui vous avez consacré les derniers jours d'une existence bien remplie, peuvent adoucir les chagrins cuisants de votre famille éplorée, elle peut en ce jour en recueillir le témoignage solennel.

Adieu, général, adieu à vous qu'un destin sans pitié enlève à un établissement dont tous les membres étaient glorieux de se presser sur vos pas.

Adieu!!!

GUÉRY.

*Chef de Bataillon du Génie à l'État-Major
de l'École d'Application.*

Ayant eu l'honneur de servir sous les ordres de M. le général baron Prétet, pendant tout le temps qu'il a commandé, comme colonel, le 3ᵉ régiment du génie, permettez-moi également, Messieurs, au nom de mes anciens camarades, d'ajouter quelques fleurs à la couronne que vous venez de déposer sur la tombe de ce digne chef. D'autres, beaucoup plus capables, ont rendu à sa mémoire un hommage plus digne de ses vertus et de ses talents ; ils ont fait briller de tout leur éclat, les éminentes qualités qui placent à un si haut degré ce commandant de la première école de France. Il ne m'appartient point de mesurer l'étendue de si vastes connaissances, ni de reproduire, sous un nouveau jour, ce qui vient d'être dit avec toute la chaleur de sentiment que peut inspirer un si noble sujet ; mais ce qui ne saurait être moins agréable à la mémoire d'un bon chef, c'est le tribut d'attachement et de reconnaissance que je viens lui offrir. Car nous aussi, Messieurs, nous avons été témoins des vertus d'une si belle âme ; nous avons vu de près tout ce qu'on peut admirer dans celui qui commande, et qui tient dans ses mains le sort de tant de personnes.

De toutes les qualités militaires, M. le maréchal-de-camp baron Prétet possédait les plus rares, celles sans lesquelles les autres sont peu de chose. Equitable dans ses jugements, ferme et inébranlable dans leur exécution, il délibérait long-temps avant de prendre ses décisions ; mais une fois prononcées, elles étaient immuables. Quelles garanties pour la discipline ! Quelle sécurité pour le soldat ! Quels titres à son dévouement ! Aussi humain, aussi doux dans ses relations particulières, qu'impartial dans le service et pieux dans toute sa conduite, il comptait des amis dans tous les hommes de bien ; et celui qui eût été assez malheureux pour ne pas l'aimer, eût encore été forcé de l'approuver.

Adieu, ombre vénérable du plus juste des hommes, de l'époux et du père le plus tendrement aimé, adieu ; emporte nos regrets et nos vœux ! Puisses-tu jouir, dans l'autre monde, d'une félicité égale à notre amour et à tes bienfaits !

VERLAINE,

Capitaine au 2e régiment du génie.

Metz. — Imp. de S. Lamort.

141